시간의
조각을
줍다

김옥남

초판 발행 2025년 8월 4일
지은이 김옥남
펴낸이 안창현 **펴낸곳** 코드미디어
북 디자인 Micky Ahn
등록 2001년 3월 7일
등록번호 제 25100-2001-5호
주소 서울시 은평구 갈현로 318-1 1층
전화 02-6326-1402 **팩스** 02-388-1302
전자우편 codmedia@codmedia.com

ISBN 979-11-93355-38-1 03810

정가 12,000원

이 책의 판권은 지은이와 코드미디어에 있습니다.
잘못 만들어진 책은 교환해드립니다.

RAINBOW | 122

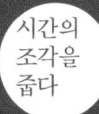
시간의
조각을
줍다

김옥남 시집

詩人의 말

뜨거운 태양 아래 숨죽인 풀잎들
놀이터 한쪽 귀퉁이에 덩그러니 서 있는 노란 자전거
폭염이 기승을 부리고 있는 요즘
책상 앞에서 지난 흔적들을 정리를 해본다
더듬거리며 詩를 찾아 나선 지가 십수 년이 흐른 지금까지도
詩가 가야 할 길을 묻고 또 물으며 따라가고 있다
사유思惟하며 따라갈수록 힘든 길이라는 것도 알았다

잠시 가던 길을 멈추고 숨 고르기를 하려 한다
詩를 지으며 상처는 치유가 되고 기쁨은 커졌으며
아픔으로 힘들 땐 위로가 있었기에 나와 시는 함께했다
그리움이라는 이름으로 시간의 저편에
차곡차곡 쌓아 두었던 글들을 여기에 풀어놓았다
어떤 그리움으로든 몸살을 앓는 이가 있다면
나의 詩가 위로가 되었으면 좋겠다

푸른 아름드리나무처럼 모든 이에게 쉼을 주는
나무가 되고 싶다는 생각으로 하루를 채운다

2025년 여름
김옥남

차례　　　　　시인의 말 · 4

1부　시간의 조각을 줍다

홍시 빛 노을 _14

어둠이 내리면 _15

담쟁이넝쿨 _16

뒷모습 _17

상념 1 _18

상념 2 _20

그 사람 _21

마르지 않는 도파민 _22

냉기가 머무는 좌판 _24

네 자매의 1박 2일 _26

아랫목이 그립다 _28

지워지지 않는 드로잉 _30

덜어낸 시간 속의 흔적 _32

시간의 조각을 줍다 _34

향기로운 선물 _35

2부   빗방울, 그대의 속삭임

눈물 꽃 _38

빗방울, 그대의 속삭임 _39

불타는 노을 _40

가을 단상 _41

설렘, 그 이상 _42

되돌릴 수 없는 흔적 _43

애끓는 기다림 _44

그네 _45

캠핑장에서 _46

커피 향기의 유혹 _48

허물, 그 희생 _49

잊어야시 하련서도 _50

그림자의 껍질 _51

나무의 향기 _52

빈 둥지 2 _54

차례

3부   물위에 내려앉은 그림자

핏빛 산딸기 _58

물위에 내려앉은 그림자 _59

어머니 _60

민들레 1 _62

민들레 2 _63

참자, 조금만 더 _64

흔들리는 시간 _65

열한 시 오십구 분 _66

다시, 시작이다 _68

졸고 있는 골목길 _69

추상 _70

창백한 아침 _72

그대는 _73

빛바랜 흑백사진 _74

힐링의 시간 _76

4부 　　비우는 연습

바램 1 _80

바램 2 _81

손녀의 돌직구 _82

3월이 오면 _83

웃음꽃 피는 텃밭 _84

비우는 연습 _85

그날, 카페에서 _86

눈꽃 _87

오답 같은 정답 _88

낮달 _90

불여악구 _92

비림받은 현수막 _94

습작 _95

곁에 두고 싶은 애인 _96

1인분의 상차림 _98

차례

5부 잊혀진다는 것

깊은 밤의 상념 _102

잊혀진다는 것 _103

보인다, 소리 _104

엄마 나이 되고 보니 _105

잠들지 못하는 문풍지 _106

최고의 스매싱 _108

검붉은 깃발 _110

어그러진 일상 _111

사내의 무게 _112

연둣빛 세상 _113

눈부신 하루를 산다 _114

봄날의 희열 _115

옹고집 장수하늘소 _116

가을 꽃잎 _118

시간의
조각을
줍다

심장으로 가는 길이 막혔다
수축 운동에 따라 춤추는 그래프
들숨과 날숨은 롤러코스터를 탄다
견고한 선, 끊어 버리지 못하는 강철 같은 선
무거운 바람에 흔들리며 그네를 탄다

- 「지워지지 않는 드로잉」 중에서

1부

시간의 조각을 줍다

홍시 빛 노을

서녘 하늘, 노을빛이 붉다

맑은 구름 사이를 헤집고 나오는
일렁이는 모닥불

포근히 서로를 감싸며 마지막 불꽃을 피워내는 노을
오묘한 자연이 만들어낸 타오르는 불꽃

집시들의 열정적인 플라멩코 춤사위
하루의 끝으로 내닫는 시간의 노을 빛
달콤한 홍시 빛 가슴에 스며든다

허허로운 마음에 따뜻한 위로를 건네는
농익은 홍시 빛

치맛자락 위 아양 떨며 떨어지는 꽃잎
격정의 춤추는 여인의 댄스 타임

어둠이 내리면

빈 거죽만 남아 서걱서걱
바람에 스치는 갈대 소리
귓가에 머무는 날이면

노란 은행나무 잎이 반짝이며 가로등이 되는 시간
애끓는 소리 무쇠솥에 콩죽 끓듯 하는데

하늘에 이른 별 하나 은밀하게 빛을 내고
허공에서 헤매던 愛

눈길 멈춘 그 자리
별똥별 사선을 긋는다

그대가 유난히 보고 싶은
아스라한 밤이 깊어간다

담쟁이넝쿨

쌩쌩 달리는 고속도로 소음과 매연 속
덤덤히 방음벽을 타고 오르는 담쟁이
켜켜이 쌓은 생명 떨어뜨리지 않으려
한 단 한 단 시간을 쌓으며 커가는 넝쿨
벽에 매달려 푸른 날개로 하늘 향해 오르고 있다

늦은 밤 귀갓길을 재촉하던 교회 종소리 귓가에 맴돌면
깊은 잠에 빠져있던 두터운 시간이 깨어난다
짙어진 여름날 넝쿨 그늘 아래 대리석 의자에 빙 둘러앉아
보랏빛 담쟁이 꽃향기 맡으며 마음을 나누었던
지금은 귀밑머리에 하얀 서리 앉았을 교회 오빠 생각
잔잔한 호수 위에 파장을 일으켜 가슴 울렁거리게 한다

서늘한 바람 불어 붉게 물들어 가는 담쟁이
묵묵히 제 갈 길 가는 넝쿨 그 속엔
포기할 수 없는 파란 꿈이 커가고
언젠가는 붉은 빛으로 빛나게 될 꿈이 살고 있다

뒷모습

저만치 앞장서서 걸어가는

자갈이 깔리고 흙탕물이 튀는 길에서

그의 발은 시간의 돌부리를 차고 휘적거린다

녹슨 옷걸이처럼 휘어진 굽은 등

쾌속 열차처럼 앞만 보고 달리던 무게 벗지 못하는데

인생길 탈선 일보 직전이다

한여름 엿가락처럼 늘어지는 걸음나비

힘찬 모습은 어디로 간 걸까

꼿꼿하던 허리는 누구에게 저당 잡힌 걸까

말없이 뒤따르던 여자의 눈에 가득 고인 눈물

아린 설움이 바람을 타고 흩날린다

여자는 잰걸음으로 달려가 슬며시 손을 잡는다

상념 1

바람이 숨 고르기 하는 오후
가을 하늘의 구름
애가 타는 속을 아는지 모르는지
거침없는 추상화를 여기저기 그려놓는다

골목 끝엔 먹구름만 가득
겉과 속이 다 허물어진 골목길
온기 없는 이름뿐인 이층집
추억의 색을 입힌다

숨바꼭질, 술래잡기, 공기놀이, 소꿉놀이
동네가 떠들썩하게 뛰어 놀아도
누구 하나 소리 지르는 사람 없어
시간 가는 줄 모르게 놀았다

푸석거리는 길 안, 네가 있고 내가 있고
거침없이 깔깔거리며 뛰어 놀던
그때 그 골목길 우리가 있었지

안타까움은 아득한 낭떠러지 끝에 서 있다

바라보던 눈동자 어디에서도 찾아볼 수 없다

잊히지 않은 이름 허공으로 날려 보낸다

상념 2

바람에 그네가 흔들린다

갈팡질팡하는 세상 불안의 그네를 타고

매몰차게 흔들린다

무거운 울산 바위를 올려놓을까

무쇠덩이로 이불을 만들어 덮을까

그러면 그러면

잠잠해질까 세상이

허허로운 손길 갈 곳 찾지 못한다

그 사람

시월 어느 날 산책 길엔
맑은 가을 햇살이 두 사람을 보듬고 있다

고맙다는 말보다 등을 토닥이며
빙긋이 웃어주는 그대와 묵묵히 걸었다

삶의 무게가 옹이 되어 몸을 뒤틀리게 하여도
밝은 낯빛으로 덤덤히 앞만 보고 달린 사람
휘어진 손가락, 굽은 허리, 삐걱거리는 다리
반듯하게 걸으라는 성화에도 빙긋이 웃기만 한다

한참을 헤아려야 하는 나이테
서로를 위로하며 살아야 하는 숫자
나이테마다 걸려있는 아름다운 흔적

세찬 물살 헤쳐 나와 우뚝 선 그대와 나
곁을 내어주는 따스한 느낌표
가을 햇살이 유난히도 맑다

마르지 않는 도파민

옷장 깊숙이 걸려있는 체크무늬 재킷
울적한 날 옷장 문 열어
꺼내볼 때마다 얼굴 가득 번지는 미소
도파민이 흘러나와 춤사위가 시작된다

서른 즈음, 마르지 않은 옷 입고
무작정 현실 멀리한 그녀
강원도 어느 아늑한 숲길을 걷다가
그곳에서 만난 투박한 사내
조용히 다가와 손을 잡아주었다
그렇게 손을 잡고 거닐었던 40년

한껏 푸름을 자랑하는 나무
새들과 노래하며 나를 반긴다
지난날의 삶의 찌꺼기 훌훌 털어내다 울컥,
무심하게 눈물 훔치다 허허 웃는다

이젠, 인견으로 뽀송뽀송한 옷 차려입고

거리로 나서면 단아한 여인이 된다
마알갛게 흩어졌다 모아지는
포근한 햇살 온몸에 내려앉는다

냉기가 머무는 좌판

차가운 햇살 아래
주름골이 깊게 파인 손
허허로이 살을 에이는 찬바람 맞으며
도로 위 가장자리를 지키고 있다

냉기만 머무는 좌판
오들오들 떨고 있는 냉이
누군가 발길이 머물기를 기다린다
거무튀튀한 흙손으로 연신 나물을 뒤적인다

주름진 손 앞에 웅크리고 앉은 여인
'냉이 얼마예요?'
'오천 원만 줘'
만 원짜리 한 장을 꺼내어 드리고 일어선다

기어이 거스름돈을 가져가라 한다
어쭙잖은 배려가 부끄러움으로
주머니에 찔러 넣은 손이 화끈거린다

찬바람이 휑하니 지나는 길에서
겨울잠을 자려던 봄을 끌고 나왔던 여인
눈발이 날리고 찬바람이 부는 오늘은
어디에서 얼은 몸을 녹이고 있을까

네 자매의 1박 2일

고희를 넘긴 언니, 이순을 훌쩍 넘겨버린 동생들
서로 맞잡은 손 한겨울 벽난로처럼 따스하다

너와 나로 이어지는 영원한 연결 고리
네 자매의 수다 삼매경을 막을 수 없는 가을밤

지난날 퍼즐 조각이 웃음꽃으로 피어나고
옥빛 파도 겹겹이 밀려왔다가 부서진다

몇 번을 더 만날 수 있을까
염려가 잰걸음으로 앞서서 걷는다

뒤로 물러선 짧은 만남
가슴과 가슴에서 일어나는 아쉬운 물결
높은 파도처럼 덮친다

돌아서는 뒷모습이 서늘한 가을빛이다
순간, 허전함을 허공에 쏘아 올린다

다음 날을 약속하며

가슴으로 영원히 식지 않는 정을 나눈다

아랫목이 그립다

가마솥이 걸린 아궁이에 불을 지핀다
활활 타오르는 장작불
밤새 식어버린 구들장이 데워진다

경쾌한 도마 소리
구수한 밥 익는 향기 코끝에 머물고
아이는 다시 달콤한 새벽잠에 빠져든다

조건 없이 받기만 했던
다시 돌아오지 않는 시간

이순耳順이 훌쩍 지나버린 지금
태어나서 살았던 집이 없어졌다
아궁이는 왜 무너졌을까
가마솥은 누가 떼어 갔을까

육신 마디마디 무장 해제시키던 아랫목
애틋한 마음만 커져가는데

청양고추같이 매운 눈물

마른 목덜미 안으로 흘러내린다

커다란무쇠솥아궁이에불을지핀아랫목이그립다

지워지지 않는 드로잉

소쩍새가 울음을 토해낼 때부터
매미의 끊어지지 않던 절규가 한창일 때까지
휘청거리며 하얀 빌딩에 머물다
큰 바윗돌 가슴에 끌어안고
물먹은 솜뭉치가 되어
장대비 사이를 헤집고 다니던 발길

알 수 없는 것들로부터 목말라 휘젓고 다니며
겁 없이 멋대로 그은 선 이제
깨우침과 뉘우침이 교차하는데
애태우며 지우려 해도 지워지지 않는
평생을 짊어지고 가야 할 선의 무게
숨통을 조이며 헝클어진 선, 선

심장으로 가는 길이 막혔다
수축 운동에 따라 춤추는 그래프
들숨과 날숨은 롤러코스터를 탄다
견고한 선, 끊어 버리지 못하는 강철 같은 선
무거운 바람에 흔들리며 그네를 탄다

심장에타투처럼새겨지는고통의드로잉

의술과 약으로 치료하여
작은 우주는 더 견고해지리라 믿으며
선과 선으로 연결된 일상의 신작로新作路를 찾는다
봄 햇살은 머리 위에서 춤을 춘다

덜어낸 시간 속의 흔적

속리산의 가을이 깊어간다
가을, 깊게 빠져들고 있는 무리들 단풍잎같이 얼굴이 환하다
짙은 단풍잎 카펫을 깔아놓은 둘레길
형형색색 등산복을 입은 관광객
사진을 찍으며 오늘의 흔적을 모은다
도란도란 이야기로 가벼워진 발걸음

낡아버린 시간 속의 기억 헤집어 본다
손잡고 나란히 단풍길을 걷자 하던
추억 속의 그 사람
그대는 어디에서 무얼 하는지
간간이 내 생각은 하고 있는지
아뜩한 허무의 수렁에 빠져간다

세찬 바람이 분다
갈대는 하얀 머리를 풀어 헤치고 흔들리고
그때 그 강물은 흘러 흔적도 없는데

가을, 수십 년을 돌고 돌아도 잊히지 않는 흔적

그림자에 데인 상처 아물지 못하고

다시 되살아나 널뛰기를 한다

그대가보고싶은하루다

시간의 조각을 줍다

발등을 간질이는 파도
몽돌들의 달그락거리는 속삭임
돌과 바람의 이야기에 더 간절해지는 그리움

시간의 조각 속에서
또다시 살아나는 형상形像

대문을 열고 들어서면
"니 오나" 하던 반가운 목소리 간데없고
묵묵히 집을 지키고 서 있는 것은 녹슨 대문뿐

몽돌처럼 닳고 닳아
지문 없는 손끝이 자꾸 눈에 밟히는 건
당신과 가까워지고 있는 날들이
그리 멀리 있지 않기 때문이다

파도 소리 들으며 함께 거닐던 몽돌 해변
당신을 떠 올린다

향기로운 선물

겨우내 봄을 기다리며 얼었다 녹았다 하던
물의 언어가 눈부시게 훤하다
고개 내민 냉이와 이름 모를 풀잎들
봄의 향기를 내뿜는다

발걸음 맞추며 둘레길을 걷는다
봄볕에 밝아지는 모습도 잠시
이야기 속에 온갖 걱정으로 깊어지는 주름
고통으로 다가오는 육신의 삐걱거리는 소리에
호수 수면 위에서 무리 지어 노닐던 청둥오리 보란 듯이
목청껏 노래하며 날개를 펴 하늘 높이 날아오른다

깍지 낀 두 손 호숫가를 걷고
햇살이 선물한 개울물 소리에 발맞춘나
잠시 햇살로 나와 걷는다는 것
감사한 하루다

빗방울 따라 거세지는 그리움
발끝에서부터 척추를 타고 뇌관으로 젖어 들고 있다
되살아나는 그대의 속삭임
기억의 창고로 가는 길
열병의 바이러스가 들끓는다

-「빗방울, 그대의 속삭임」중에서

2부

빗방울, 그대의 속삭임

눈물 꽃

하얀 사과꽃 피는 계절
싸늘한 바람에 꽃비 내린다

아물지 않는 상처 용광로 불처럼
벌겋게 달아올라 생살을 파고들 때

아무도 모르게
되살아나는 통증

하늘과 맞닿은 우물 안과 밖
살며시 하얀 꽃비 쌓이고 있다

까마득히 머-언 하늘에 걸터앉은 낮달
마음 내려놓아라 피그시 웃는다

빗방울, 그대의 속삭임

우산 위에 떨어지는 빗방울

심장 소리, 빗소리와 장단을 맞춘다

낡은 시간 속에 머물러 잊고 있었던 속삭임 귓가에 맴돈다

점점 빨라지는 심장의 두근거림은 주황색 우산 위에서 널을 뛴다

빗방울 따라 거세지는 그리움

발끝에서부터 척추를 타고 뇌관으로 젖어 들고 있다

되살아나는 그대의 속삭임

기억의 창고로 가는 길

열병의 바이러스가 들끓는다

불타는 노을

주체할 수 없는 그리움 따라
태양을 삼키고 있는 서쪽 하늘

벌겋게 익은 몸
블랙홀처럼 깊은 수렁으로 빨려 들어간다

받아 들여야 하는 시간
몸이 사그라져 흙으로 돌아가기 전
나신이 되어 노을 속에서 타버려도
꺼지지 않는 환희의 노래를 목청껏 부르고 싶다

노을이 깊은 잠에 빠져들기 전
그대가 보고 싶다

가을 단상斷想

화려함, 자랑할 사이도 없이 떨어진 단풍잎
휘-이 매몰찬 바람에 구석으로 내몰려
낙엽 되어 갈색 무덤을 만들었다

무덤 속 쉼을 위한 몸부림
살아남기 위한 안간힘
보듬어 때를 준비한다

기약 없이 흘러 돌아오지 않는 강
뜨거웠던 강물은 차갑게 흐르고
유야무야 헝클어진 조각들을 모은다

가을 발걸음을 재촉하는 찬바람
단풍비 뿌려주던 그대는 어디에,
그리움을 재단하는 가을이 깊다

설렘, 그 이상

그대를 만나러 가는 길은
백팔번뇌를 녹이는 설렘입니다

활짝 핀 장미꽃을 닮은
백록담 같은 커다란 품 안입니다

피폐해진 삶의 사선에서 손을 잡아주고
어색한 발걸음, 한 발 한 발 내디딜 때마다
단단하게 붙잡아 준 사람

장미꽃이 달린 큰 가방엔
펜과 노트, 어설프게 적어둔 시어들
그대를 만나야겠다는 열망과 설렘
그리고, 꿈이 담겨있습니다

오늘도 만나러 갑니다

다시는 표류하는 난파선이 되지 않기 위한
깊은 들숨 날숨으로 쉼 없는 노를 젓습니다

되돌릴 수 없는 흔적

그대와 만남, 시선이 멈추는 곳마다 아픈 기억들
가슴에 스며들어 피멍울로 남았습니다

심장을 꺼내어 바닷물에 씻어 볼까
하얀 모래밭에서 뒹굴며
통곡을 하면 후련해질까요

눈먼 장님 되어 헤매던 공허한 날들
남들처럼 잘살아보자 했건만
다른 사람의 눈에 보이는 것
왜 내 눈엔 보이지 않았을까요
온몸에 덕지덕지 붙어 있는 흔적
날카로운 깨진 유리가 되어 심장에 박혀있습니다
진정되지 않는 쓴 커피를 삼켜봅니다

다시 또, 떨쳐버리고 싶은
먹물 같은 검은 그리움이 몰려오고 있습니다

낮의한가운데시간과늦은시간이엉키어하루가갑니다

애끓는 기다림

길섶, 넝마를 걸친 모습으로
언제나 그 자리에 망부석 되어
비바람에도 누군가를 기다린다

지나가는 발자국 소리에 힘을 내어
사람들과 눈을 맞추려 애쓰는데
외면하며 지나가는 사람들
수많은 발자국 소리, 무심함이 묻어있다

때론 바람이 옆에 앉았다 가고
햇살은 가까이 다가와 위로를 건네기도 한다
붙잡고 싶어도 붙잡을 수 없는
서서히 멀어지는 붉은 해

붉어진 서녘 하늘
물거품으로 만들 수 없는 愛
무심히 애끓는 기다림

그네

마알간 연둣빛
그림자 하나 그네를 탄다

먼발치에 서 있는 그대의 허상
요동치는 동공은 갈 길을 잃고 있다

아지랑이가 된 그리움
흐느적흐느적 거린다

그대, 우연히 마주치는 날
다시 가슴 뜨거워질까

허무한 바램은
술렁술렁 그네를 탄다

놀이터에서 놀고 있는 아이들 그네를 신나게 탄다
나는 마음속 나만의 외로운 그네를 탄다

캠핑장에서

삶의 이끼를 걷어낸다

연두 빛깔 나뭇잎이 짙은 초록으로 변하고
아카시 향이 떠난 자리
진한 밤나무꽃 향기 산허리를 둘러싸고
몸에 걸쳤던 두꺼운 옷, 하나씩 허물을 벗는다

한낮의 뜨거운 햇살
참방참방 거리며 흐르는 물들의 이야기
잘록한 산허리에서 불어오는 싱그러움
작은 나무들의 미소

산자락에 둘러 쌓여 있는 캠핑장
텐트마다 하나, 둘 전등이 켜지고
나뭇가지에 걸터앉아 있던 새들도 둥지 찾아 떠나고
한풀 꺾인 더위에 아이들 재잘거리는 소리가 잦아지면
삶의 이끼를 걷어내려는
어른들의 소리가 밤을 지배한다

새들의 소리에 잠을 깨우고

하루라는 선물이 도착했음을 확인한다

커피 한 잔을 들고 의자에 앉아

먼산바라기를 한다

몸과 마음은 초록으로 물든다

커피 향기의 유혹

검은 속내를 감추고
유혹하는 그대
덥석 끌어안아 버렸지

달콤 쌉싸름한 너에게 덧없이 긴 세월 동안
입술을 내어주고 오롯이 몸과 마음을 주었지
가슴 깊은 곳까지 스며든 짜릿한 향기
혈관을 타고 흐를 때, 만끽한 희열

날 삼켜버린 마약 같은 너
잠 못 이루는 밤 커져가는 미움으로 괴로워도
어쩌라고-
잊힐 권리마저도 허락하지 않는 그대

허물, 그 희생

바닷가 하얀 조개의 나신들
핏기 없는 푸석한 모래가 되어 바람에 몸을 맡긴다

그땐 몰랐다
시커멓고 투박한 손을 부끄러워 외면했던
그 손마디마다 여러 자식이 매달려 있다는 것을

굶기지 않으려 내 몸 삭아 부서지는 것도 모른 체
손끝이 터져 피가 나도록 긁어모은 먹거리
어린 자식들 먹이기 바빴다

지금 곁에 없는 어미를 기억하는 자식들
애를 끓인다

파도에 이리저리 쓸려 삭아버린 조개껍질은
손끝에 묻어나는 애끓는 마음이 흩어진다

평생을 그 모습 그대로 함께 할 줄 믿었는데
끝없이 넓고 큰 바다에 홀로 남겨진
허허로운 아린 가슴에 허물로 남아있다

잊어야지 하면서도

바다와 맞닿아있는 보리밭
지휘하는 바람의 손끝에서 펼쳐지는 군무
초록빛 바다가 되어 넘실거린다

휘몰아치는 바람에 오로라처럼 흩날리는 초록빛
혈관을 타고 온몸을 적신다
깊은 기억의 바닷속을 유영하며
거부할 수 없는 해류에 몸을 맡긴다

심해의 어두운 길에서 이끄는 대로 이끌려 달렸던 낡은 시간들
얽혀버릴 대로 얽혀버린 실마리는 조롱하듯 흩날리고
미로를 헤매는 애끓음은 갈팡질팡

흐트러진 시간 속 주머니의 송곳처럼 튀어나온
잊힐 권리마저 박탈당한 묻혀있는 그리움
이리저리 고개를 흔들며 떨쳐버리려 애쓰다
털썩 주저앉아 버린 무릎은 일어설 줄 모른다

보리밭 저만치에서 지난 시간의 끈을 놓지 못하는 미련
햇빛에 부서져 하얗게 부서지는 애끓음
헤어 나올 수 없는 깊은 수렁이다

그림자의 껍질

예고편도 없이 하루의 허리를 잘라 먹고
눈길 닿지 않는 먼 곳으로
훌쩍 떠나버린 그 사람
벌겋게 충혈된 눈으로 찾아 나선다

매서운 바람 사정없이 휘몰아치고
더듬이가 잘린 꿀벌처럼 휘청거리는 발길
잊어야 할, 찾지 말아야 할 그림자
부질없이 박혀 있는 응어리

텅 빈 깍지만 남아
칼바람에 힘없이 찢기고
얼어버린 대지 위에 꺾인 무릎 되어
어지럽게 춤을 추는 시간과 시간 사이

의미 없이 휘휘 젓는 쓸쓸한 손짓
명치끝에서 요동을 친다
뉘엿뉘엿 갈 길 찾는 허무한 붉은 노을
핏빛 되어 온몸을 물들인다

나무의 향기

오랫동안 묵묵히 곁을 내어준 나무
시간의 주름을 다림질한다

부드러움으로 때론 아이들의 책상이 되고
온 가족 힘의 근원 식탁이 되기도 했다

삶의 무게, 옹이가 되어 몸을 뒤틀리게 하여도
밝은 낯빛으로 덤덤히 앞만 보고 달린 사람
휘어진 손가락과 허리, 삐걱거리는 다리

때론 모서리가 되어
내가 옳다 각을 세워 아프게 했어도
유야무야 말없이 견뎌낸 시간
한 울타리의 먹거리를 어깨에 지고
식탁의 나사가 헐거워져 휘청거릴 때
다시 단단히 조이던 손길
애써 버티고 서서 나무의 향기를 내뿜는다

네가 없었다면 굳어져 가는 무릎을 펼 수 없었으리라

늙은 시간은 모서리를 두리뭉실하게 만들어
피톤치드의 짙은 향기로 가슴을 따뜻하게 했다

온기 불어넣어 견뎌낸 세월
주름 하나하나에 고였던 빗물 마르고
나잇살 동그라미 한바탕 웃음판을 벌인다

빈 둥지 2

교회 뒷골목을 돌아 야트막한 언덕을 오르면
화려하지 않고 정겨운 이층집이 보인다
그곳, 내가 태어나고 자란 집
어느새 아이들의 웃음소리 귓가에서 머문다

살구나무가 반겨주는 마당에 들어서면
기름칠한 것처럼 반질반질하던 툇마루
흙먼지로 분칠한 모습 가슴 저미고
오랜 시간을 잡아둔 돌담은 이 빠진 늙은이가 되었다

허허로운 뼈대만 남은 둥지
안기려 해도 안길 수 없는
살짝 건들기만 하여도 무너질 것 같다

기억의 무덤 속으로 들어가 발만 동동 굴린다
짧은 안부조차 묻기 두려운 빛바랜 지난 일들
그림자 되어 곁에 머문다

엄마와 함께 툇마루에 앉아

아이들의 재잘거리는 소리 듣고 싶다

다시 일어서기 위한 햇살 받으며
마당 가장자리에 나무 한 그루 심는다

머리에서 발끝까지 흐르는 전율

헛헛한 그리움

출렁인다

차마, 눈을 감는다

-「물위에 내려앉은 그림자」중에서

3부

물위에 내려앉은 그림자

핏빛 산딸기

무심히 내민 손

산딸기 가시 매몰차게 할퀸다

손끝에 몽글몽글 핏빛 딸기향

온몸 짜릿한 파도가 출렁인다

찔리고 할퀴여도

입술에 남아있는 달콤함

잊히지 않는 그대

다시 만날 수 있을까

달콤했던 하루를 붙잡고 있다

물위에 내려앉은 그림자

호수 위에 상현달이 떴다

아득한 곳에 숨겨둔 연서

일렁인다

잔잔한 수면을 뚫고 튀어 오르는 환영幻影

머리에서 발끝까지 흐르는 전율

헛헛한 그리움

출렁인다

차마, 눈을 감는다

어머니

아슴아슴한 유년의 집으로
삭아버린 기억 헤집으며 발걸음을 옮긴다
끊어지고 허물어진 길
햇살조차 머물기를 거부하는 골목길

어머니와 내가 함께 걸었던 골목길
넓은 4차선을 만들던 포클레인
내 머릿속 소중한 기억들을 뭉개버렸다

저 혼자 큰 줄 알지
가슴 뭉개며 혼잣말을 토해내시던
그 목소리 이명처럼 귓가에 쟁쟁하다

대문 열고 들어서면
버선발로 뛰어나와 반겨줄 것만 같은데
굳게 닫힌 녹슨 철문, 푸석 돌이 되어버린 담장
소리 없이 흐느끼고 있다

불러 보고 또 불러 봐도

명치끝에 걸려 삭히지 않는

그 이름-

민들레 1

참빗으로 곱게 빗어 올린 하얀 머리
꿋꿋이 서서 길 가는 나그네
살포시 미소 날리며 발걸음 잡는다

나무뿌리에 걸리며, 돌부리에 눌리며
세월 보듬은 민들레
봄볕에 그을린 얼굴, 투박한 손
엄마의 시간이 겹쳐진다

노란빛 삭아 하얗게 변해버린 얼굴
토해낼 수 없는 아픔 품고 살았던 민들레
안간힘으로 뿌리 깊게 내린 이유
이제야 알 것만 같은데-

봄날이 다 가기 전, 산山 집 찾아가
붉디붉은 장미 한아름 안겨 드리고 싶다
돌아올 수 없는 그곳에서
봄 햇살 같은 환한 미소 지을 수 있게-

민들레 2

올해는 유난히 민들레꽃 빛이 노랗다
밟히고 쓰러져도 다시 일어나 꽃을 피우는 민들레
마당을 차지하고 앉아 빈집 지키고 있다

몽실몽실한 민들레 씨방 후~ 불어 날리며
엄마 뒤를 졸졸 따라다니던 아이
노오란 꽃 한 움큼 꺾어 내밀면
얼굴엔 환한 미소 가득했었다

이젠, 꽃다발을 받아 줄 엄마는 없다

빈집을 뒤에 두고 걷다 걷다가 길섶에 앉아
민들레와 눈맞춤하며 그리움으로
시詩를 짓는다

옥빛 하늘에 아른거리는 엄마 얼굴

참자, 조금만 더

어제의 검은빛 물러갈 채비를 하고 있다
생명줄 끌어올리는 연둣빛
숨죽이고 있는 들풀에게 바람은 말한다
조금만 더 참고 견디라고

허리에 칭칭 감고 있던 쇠사슬
봄 햇살에 녹아내렸다
억압에서 풀려나니 귀에 거슬리던 소음도 반갑다
소소한 일상이 뼈저리게 고맙다

윙윙거리는 소리
하하하 웃음소리
소음 속으로 몸을 던진다
달팽이관이 춤을 춘다

흔들리는 시간

바람이 분다
아카시 나뭇가지를 흔들며
꽃잎을 떨어뜨리고 있다

아래로
　　　아래로

거칠게 창문을 흔들며 부는 바람
덜컹, 흔들리는 눈동자
꽃잎을 감싸안는다

거스를 수 없는
지난 흔적 떨림 되어
심장에 꽂힌다

열한 시 오십구 분

시간을 앞세우고 쫓아 달려온 길
멈춰 서서 뒤돌아본다

그 푸른빛은 어디로 갔을까
싱그러운 모습 찾을 길 없다

밑동은 비바람에 파여
온몸은 상처투성이

손가락 사이로 빠져나가는 모래알
막을 길 없어 어지럼으로 아뜩하다

다리는 힘이 풀리고 앞이 보이지 않는
아래로 아래로 스며드는 시침과 분침

덜어낸 시간을 채워주던 절박한 전율
이제, 책갈피에 고이 접어두어야 할 시간

열한 시 오십구 분

제자리를 찾으려는 시간이 가던 길 멈추지 않는다

더 늦기 전에 버킷리스트 노트를 찾자
그리고 훌훌 털고 일어나자

다시, 시작이다

오랫동안 곁을 내어준 당신
삶이 헝클어진 시간의 주름
다림질을 한다

가슴 짓누르는 삶의 주름들
공사장 한 귀퉁이에 버려진 철근처럼
아무도 눈길을 주지 않아도 꿈과 희망을 품었다

태풍이 와도 흔들리지 않고
마을 어귀를 수십 년 지켜온 느티나무처럼
삶 속의 주름을 펴고 버티고 선다

노을빛에 벌겋게 익은 얼굴
덤덤히 앞만 보고 달려온 당신
삐걱거리는 다리에 매달려
거부할 수 없는 핑계를 끌어 모으며 흘려보낸 시간들
다시 일어나는 오뚝이처럼
거친 바닥을 대패질하고 사포로 부드러움을 입힌다

꿈을 품은 아이들의 해맑은 웃음소리
하늘로 올라가 뭉게구름에 올라앉는다

졸고 있는 골목길

계절이 그네를 타는 골목길
봄 햇살이 노닐고 있다

너와 내가 손잡고 뛰어놀던 길
너의 발자국 소리 어디로 갔을까

골목길은 재잘거리며 놀던 놀이터였고
약속하지 않아도 만날 수 있었던 장소였지

오랜 시간 볼 수 없었고 만날 수 없는
골목길은 허허롭기만 하다

작은 고무신 신고 있던 연약한 발은
한 뼘을 넘기고 어디든 갈 수 있는 발이 되어
먼 곳 고향을 그리워하고 있다

바람이 분다
봄바람이 분다

그 골목길에도 살랑거리며 봄바람이 일고 있겠지
그때 그 아이들과 봄 햇살 가슴에 담고 싶다

추상追想

소금꽃처럼 피어나 온 세상을 백지로 덮어 버리는
눈꽃 송이송이 떨어지는 벚꽃 잎처럼
하얗게 내려앉고 있어요

명절 상에 올려진 두텁떡보다 더 두껍게
온 세상을 덮어버리고 있네요

홀린 듯 밖으로 나가 눈사람 하나 만들었지요
집 앞 공터에 세워두고 또 눈을 굴리고 굴리며
눈雪과 친구 하며 짝꿍도 만들었어요

눈 내리는 날을 좋아하던 사람
눈사람 만들던 공터엔 건물이 우뚝 솟았고
함께 뛰어놀던 골목길은 흔적 없이 사라졌어요

눈꽃 송이 타고 와 그리움을 키워버린 날
눈송이 수보다 더 커 버린 그리움
발이 묶여 내 곁으로 올 수 없는 사람

이런 날이면 문득 생각나 하얀 미소 짓게 하지만
아린 마음은 먹먹한 가슴을 만들어요

길게 몰아쉬는 한숨만이 시간을 먹고 있어요
한숨이 웃음소리에 묻혀버리는 날
하얀빛 눈의 시간이 눈부시게 빛날 거예요

창백한 아침

햇살 이슬에 머물러 마르기도 전에
울컥 뿜어내는 슬픔
무엇이 이리도 아리게 하는지
알면서도 모르는 척
눈을 감는 게야

영산홍이 붉게 물든
아늑한 정원에서 그대
함께했던 소소한 일들이
무거운 바위산 되어 크게 다가오는 것은
내 마음 전부를 주어서 일게야

엄나무 새순을 보아도
알알이 영글어 가는 호두나무를 보아도
함께한 시간의 황홀함이
무심하게 툭 건들어진 게야

눈길 가는 곳마다
되살아나는 아린 슬픔
가슴에서 지우지 못한 게야

그대는

인연을 끊고 등지고 살았던 시간
봄바람 타고 내게로 와
덧나버리는 상처가 될 줄
몰랐습니다

기억 저 뒤편의 얼굴
무심히 마주한 순간
바람의 그림자 될 줄 미쳐
몰랐습니다

아지랑이 따라
냉이 달래 쑥 향기 퍼질 때
되살아나는 그리움으로 남을 줄
몰랐습니다

꽃잎 흩어지는 봄날
더 선명해지는 흔적으로 남아
조여 오는 심장 통증의 씨앗이 될 줄
진정 몰랐습니다

빛바랜 흑백사진

책상머리 위 하얀 벽면을 장식한 사진 한 장
두루마기에 중절모를 쓰시고
나를 보고 빙긋이 웃고 있다

마른하늘, 마른땅이 보낸 보릿고개
팔 남매의 무게를 내색도 하지 않고
자식들이 배고플까 노심초사
앞만 보고 달렸던 아버지

등에 진 멍에에는
열한 식구의 무게가 매달려 있어도 주저앉지 않고
가족의 허기를 달래기 위해 먹거리를 퍼 나르느라
육신의 안위安危는 상관없었다

온몸이 사그라져도 자식 생각에 견디며
손금이 닳아 없어져도 앞만 보고 달렸을 아버지
낙동강 물이 흐르고 흘러 바다에 이르고 나서야
그 품이 넓고 넓다는 것을 알았다

가을 하늘이 유난히 맑다

구름은 얼굴 하나 그려 놓는다
바람에 흩어져가는 얼굴
맑은 영혼으로 평안을 누리고 계실 아버지

허옇게 빛바랜 사진만큼 희석된 줄 알았던 그리움
외롭게 피어있는 민들레꽃 맛 같은
아스라하게 씁싸름하게 가슴에 담긴다

힐링의 시간

옅은 햇살이 차가운 바람을 밀어내고 있는 아침
엉킨 실타래 뭉치처럼 길을 찾지 못하는 뇌파
뿌리치지 못하는 갈등은 게으름을 끌어안고 누워있다

두텁떡처럼 두꺼워진 시간
켜켜이 쌓인 시루떡 같은 구수함
온몸을 녹인 강렬한 햇살이 어울려
지난날 향기롭게 만든 날들을 생각한다

시어를 찾기 위해 나섰던 날을 되살리며
첫 발걸음의 기운을 앞세워 그 떨림을 기억하며
힘 있게 시동을 건다
순간, 게으름이 뒷걸음친다

다시, 고인 물이 되지 않기 위해
하루라는 프레임 안에 반짝이는 햇살을 채우려
엉켜버린 뇌파의 실타래를 푼다

나무 꼭대기로 끌어 올린 연둣빛은 세상을 지배하고
한 마리 새, 부지런히 들락거리며 집을 짓는다
비워두었던 빈집 따스한 햇살이 가득하고
새들의 우짖는 소리, 활기찬 날갯짓은 하늘을 가른다

내 마음에도 탄탄한 머릿돌을 고인다
봄 햇살로 가득 채워지는 정원庭園

산자락에 눈처럼 흐트러지게 핀 구절초
코끝에 와닿는 가을꽃 향기
욕심은 가을바람에 낙엽 연기처럼 사라지고
말랑한 설렘은 가슴 섶 자락을 펄럭인다

-「낮달」중에서

4부

비우는 연습

바램 1

함박눈 빗금 그으며 내리다
봄날 꽃비처럼 제멋대로 흩날린다

펼쳐진 하얀 도화지
발자국으로 그림을 그린다

귀에 들리는 오도독오도독
생밤 씹는 발자국 소리

레몬처럼 상큼한 차가움
생글거리는 시간이다

살근살근 내리는 하얀 눈
자연 치유되는 백신이라면

삶의 소소함
맘껏 누릴 수 있을 텐데

바램 2

허름한 햇살 끌어안고 있는
헝클어진 오후

집으로 돌아가는 길
황사 먼지 뒤집어쓴 이정표

먹물 빛 긴 터널 끝나는 곳
옥색빛 하늘 볼 수 있다는 바램

꾸밈없이 천연히 우리 마주 앉아
흘러간 시간을 이야기하고 싶다

거리를 두고 있는 사람들
마주 앉아 두 눈 맞추며

무릎 맞대고 앉아 온기 나누고 싶다

손녀의 돌직구

아무리 찾아도 없다
핸드폰을 어디에 두었는지
기억이 안 난다
요즘 자주 일어나는 건망증

아이에게 물었다 못 봤냐고-
어디에선가 찾아와
내밀며 하는 말
할머니 치매야?
놀란 손이 먼저
뒷목을 잡는다

그 어떤 병보다도 치매를 제일 피하고 싶은 나인데
무심히 던진 아이 말에 가슴을 쓸어 내린다

3월이 오면

보고만 있어도 얼굴 가득한 미소
어쩔 줄 몰라 품에서 내려놓지 못했던
내 품에서 쌔근쌔근 잠자던 아기
그 꼬맹이가 어느새 학교를 간다
더 많은 손을 기다리고 있는 귀요미
할미의 마음은 조급증과 기대감으로 울렁거린다

'학교 종이 땡땡땡
 어서 모이자
 선생님이 우리를 기다리신다'

개나리꽃 피는 3월이 오면
아이보다 내가 더 신나게 동동거릴 것 같다

웃음꽃 피는 텃밭

텃밭에 웃음꽃이 그득히 피고 있다
콘크리트 아파트 사이에 만든 작은 텃밭
고추를 심고 가지와 토마토를 심었다
할머니와 손녀는 봄바람이 시샘을 해도
물조리개를 들고 매일 물 주러 간다
하루가 다르게 새싹이 크는 것을 보며
신기해하는 아이 물은 자기가 꼭 줘야 한단다

아이가 까르르 웃는다
활짝 핀 봉선화꽃처럼 순수한 얼굴이 된다
나뭇잎도 살랑거리며 덩달아 웃는다
환하게 웃는 얼굴에 봄 햇살이 내려앉는다
상추와 고추, 가지가 크고 달콤한 딸기가 자라고
할머니와 손녀의 사랑도 가득 채워진다
텃밭은 따스한 사랑이다

비우는 연습

봄이 시작된다는 입춘이 한참 지나고

겨울잠을 자던 개구리도 기지개를 켠다는 경칩

아직 마음속 찬바람은 그대로입니다

어울렁 더울렁 서로 보듬으며 살기를 원합니다

마음을 비워야지 하면서도 비워지지 않는 것은 왜일까요

나이테가 늘어 갈수록 이기적으로 변해 가는 것 같아 서글퍼집니다

국어대사전에도 나와 있지 않은 미움 주저앉히는 법

경험보다 더 큰 스승은 없다던 어머니의 목소리가 꿈결에 들립니다

항상 좋은 것만 보고 들으며 살았으면 좋겠습니다

오늘도 마음 비우는 연습을 합니다

그날, 카페에서

랑글랑글한 하트 하나
붉은빛 커피잔 위에 내려앉았다

커피잔 속으로 스며드는 시선
그때, 지워 버린 그림자 다가선다

흩어져 숨죽이고 있던 조각들
스멀스멀 기어 나와 뇌 속
주름 사이사이를 헤집고 다닌다

온몸을 휘저으며
휘뚜루마뚜루 넘나드는 안개비

호수 수면을 박차고
한 쌍의 오리 날아오른다

눈꽃

향기 없는 꽃
때론 다소곳이
때론 슬픔을
때론 아픔을 주는 꽃

예고 없이 가슴으로 스며들어
심장을 걷잡을 수 없이 뛰게 하고
나달나달한 넝마를 만든다

꽃잎이 휘날리는 가로등 밑에서 넋을 놓고
첫사랑이 찾아오기를 기다렸던 그날
하얀 화관을 쓰고 우두커니 서서
떨리는 가슴을 두 팔로 감싸 안았었지

낡은 긴 시간 속에서
기다림과 설렘은 늙지 않고 있다

억눌러야만 하는 그리움

눈꽃잎 흩날리는 날이면
그리움의 주름은 더 깊어지고

오답 같은 정답

여섯 살짜리와 밀당을 한다

햇빛 쨍쨍한 날 달리기를 하자고 조른다
삭아버린 내 무릎은 안중에도 없다

아이스크림도 먹고 싶고
할머니표 식혜도 먹고 싶단다

먹고 싶은 것, 하고 싶은 것을 해야 하는 나이
할미의 하루하루가 버겁다

점점 자기주장이 세어지는 아이
두 사람의 밀당
판정패는 정해져 있지만 멈출 수 없는 일

아흔아홉 가지의 힘듦을
한 번이 이기는 알 수 없는 오답
마력 같은 오답이 분명하다

갓 피어난 꽃망울, 퍼지는 미소
봄날 햇살에 눈 녹아내리는 듯
내 굳은 어깨를 말랑말랑하게 한다

낮달

　찬 서리 풀잎에 내려앉아 숨 고르기 하는 아침, 서쪽 하늘 하현달 발이 묶여있다 아이는 손가락으로 달을 가리키며 토끼는 어디로 갔냐고 묻는다 동화 속 달에는 토끼가 살고 있다는 것을 한 치의 의심도 하지 않던 순수했던 시절 달나라에 가서 토끼를 만나볼 것이라는 희망을 품고 살던 때가 있었지 어느 순간부터 달에서 토끼가 사라진 것 궁금해하지도 않았다 일상의 삶을 지배한 강퍅한 마음, 달은 그 자리 그대로인데 내 순수했던 시절은 어디로 간 건지 아득한 먼 얘기가 되어 있다

　서늘한 바람에 초연해진 낯빛
　텅 빈 마음으로 내려다보고 있는 낮달

　무의미한 시간 속 몸부림치는 떨림
　달 속의 그림자를 찾아 솟아오르고
　낙엽 타는 연기는 위로 위로
　훨훨 날아올라 거침없이 하늘에 스며들어

가을하늘과 한 몸이 된다

산자락에 눈처럼 흐트러지게 핀 구절초
코끝에 와닿는 가을꽃 향기
욕심은 가을바람에 낙엽 연기처럼 사라지고
말랑한 설렘은 가슴 섶 자락을 펄럭인다

고개를젖혀낮달을올려다본다토끼한마리방아를찧고있다

불여악구不與惡俱

열기 가득한 낮의 핵 속으로
온몸을 던졌다

내동마을 연꽃 단지
제 몸 감싼 채 펼치지 못한 봉우리,
한껏 치장을 하고 고개 쳐들고 있는 만개한 연꽃
동그란 종지 같은 얼굴엔 까만 점들이 익어가고 있다

뒤섞인 꽃들의 향연에 정신이 혼미하다
하늘 향해 맑게 피어있는 꽃들
홀린 듯 카메라를 들이대고 셔터를 눌렀다

진흙 속에 깊이 발을 담근 채
고고한 모습으로 핀 연꽃들
불여악구不與惡俱* 하라 속삭인다

눈에 보이는 것,
귀에 들리는 것 모두가 어지럽게 빙글빙글 돈다
무엇을 믿어야 하는지 알 수 없는 천하

연꽃, 물들지 않는

오롯이 청명한 하늘만 바라보라 한다

귀 막고

눈 감고

---
* 불여악구(不與惡俱) : 주변 어떠한 나쁜 것들을 멀리하고 물들지 않는 사람이 되라는 의미

버림받은 현수막

불쏘시개도 될 수 없는 푸석한 몸
누구에게도 짐이 되지 않으려 하면 할수록
힘없는 몸뚱이는 더 갈기갈기 찢기고
마지막 남아있는 힘을 짜내어
시린 가슴으로 비바람 견디고 있다

햇살에 검게 타버린
핏기 없는 노숙자
누더기처럼 남루한 몸 마지막 피난처
산기슭 작은 밭 울타리

손가락질하는 이 없고
왜 왔냐고 나무라는 사람도 없다
봄날 땅을 뚫고 나오는 새싹이 되어
어울렁더울렁 살고 싶다는 꿈을 꾼다

습작

1.
창가에 걸터앉은 갈 곳 잃은 시선
잿빛 허공에서 그네를 탄다
유리창에 흘러내리는
멈추지 않는 멈출 수 없는
차가운 눈물로 수채화를 그린다

2.
사랑, 붉게 피어나다
버려진 빈 쭉정이 시간의 조각
뼈를 깎는 아픔을 잊으려는 몸부림
잊히지 않은 그 모습 그대로
연기처럼 흩어져 하늘로 날아오른다

곁에 두고 싶은 애인

뻥 뚫린 고목나무 허리처럼
푸석거리는 공허와 외로움에 지친 어정쩡한 하루

헝클어진 실타래처럼 풀리지 않는 시간이 이어질 때
옥빛 커피잔 속 하얀 하트 하나 마음에 품는 순간
가슴 응어리는 아이스크림처럼 스르르 녹아내리고
진한 아카시 향수 황홀 속으로 빠져든다

한 모금 쌉싸름한 모카커피
중독된 마약처럼 뇌파를 지배하고
커피잔에 뿌려진 시나몬 가루
거부할 수 없는 향기 행복 더하기를 한다

달콤 쌉싸름한 커피
손에 꼭 쥐고 싶은 흑진주처럼
보고 있어도 보고 싶은 애인처럼
눈길 닿는 곳마다 손길 닿는 곳마다
가두어 두고 나만의 언어로 위로받고 싶다

호숫가 카페에 마주 앉아 나눈 향기

공룡 발자국처럼 화석이 되어 가슴속 깊이 박혀 반짝인다

또다시 화석으로 남을지라도 나만 바라보는

애인처럼 곁에 두고 싶다

1인분의 상차림

그이를 만나던 날
맑은 하늘에서 환상의 나팔 소리가 들렸다

강원도 사내와 경상도 여인의 축제
나팔수는 웅장하게 축포를 터트리고
모두가 나팔 소리에 맞춰 노래를 부르며
아름다운 멜로디는 우주에 차고 넘쳤다

슬픔과 기쁨의 시간이 지나
거침없이 흘러간 시간은

식탁 위에 수저가 늘어나고
아이들의 웃음소리 시끌벅적했지
둘이 하나 되어 수십 년을 같은 곳을 바라보며
한 식탁에서 오순도순 살기도 하고 아등바등하기도

굴뚝 연기 사그라들고 아랫목이 따뜻해질 때
가지런히 놓인 남은 하나의 수저는
오직 그를 기다린다

오로지 한 사람만을 위한 밥상

상큼 쌉싸름한 달래 나물

냉이 향기 듬뿍 담아 끓인 된장찌개

고소한 참기름으로 버무려낸 봄나물 한상

봄 향기 온 집안 가득이다

어느새 귀밑머리 희끗희끗하게 눈발 날리고

가지런하게 놓이던 숟가락은 하나, 둘 빠져나갔다

다시 변함없이 차려지는 1인분

때론 투정을 부려 보지만 어쩔 수 없는

주인은 묵묵히 1인분 상을 차린다

잊힌다는 건
아리디아린 가슴 시린 일
생손을 잘라내는 것보다
더 몸서리치게 아프다

-「잊혀진다는 것」중에서

5부

잊혀진다는 것

깊은 밤의 상념

바닷가 언저리에 서 있는 나무
쏟아지는 솔향 온몸을 적신다

해풍 맞아 휘어지고 굽어진 허리
그 곁을 다독이는 햇살

나무마다 안고 있는 지난 시간의 흔적
서걱거리는 갈대가 되어 휑한 바람을 일으킨다

떨쳐버리려 하면 할수록 되살아나는
세차게 도리질해 봐도 소용이 없다

그대와 아름다웠던 설렘은
집도의가 되어 심장을 파헤친다

깊은 밤 뒤척이는 시간
상념의 칼에 베인 상처는 쓰리다

머언 바다에서 한점 불어오는 알싸한 바람
허기와 설렘이 의식을 지배했던 하루

잊혀진다는 것

가슴이 시리다

그 뜨거웠던 태양도 사그라들고
둘만의 오두막엔 암전이 된 지 오래
그리움, 다시 꺼내 심폐소생술을 시켜본다

우주 끝까지 같이 가자던 약속 희미해져
입술에 그림자조차 보이지 않는다

간간이
문득
어쩌다가
그대 온기 그리워 몸살을 앓는다

잊힌다는 건
아리디아린 가슴 시린 일
생인손을 잘라내는 것보다
더 몸서리치게 아프다

보인다, 소리

호숫가 피어오르는 물안개
풀잎 위에 내려앉았다

물방울 털어내어도
점점 더 무거워지는 무게

안갯속 길을 잃어버리고
눈동자 멍하니 수면 위에 머문다

눈으로 듣는
갖가지 색깔의 소리, 소리

사슬에 묶여버린 손과 발
요동치는 뇌파

엄마 나이 되고 보니

전신이 욱신욱신
여기저기에서 몸이 말해요
병원에 가도 약이 없대요
이제 엄마 나이가 되고 보니
저절로 고개가 끄덕여져요

살아 계실 적 어머니, 온몸이 다 아프시다던 말 넋두리가 아니었어요

몸과 마음이 따로 노는 것이 한스러워하신 말씀인 것을요
푸른 소나무처럼 꼿꼿한 허리로 바로 서고 싶으신 것을요
마음대로 되지 않는 육신 걱정되어 하신 말씀인 것을요

몸이 부서져도 자식들 걱정에 병원 한번 제대로 못 가신 어머니
그 아픔을 헤아리지 못한 자식, 가슴속엔 한숨과 뉘우침이 쌓여
울컥울컥 넘치고 있어요

잠들지 못하는 문풍지

펄럭거린다
겨울 내내 지켜주던 문지기들의 아우성
앞섶을 파고든다

서로가 서로를 원하지만 허락되지 않는
엉켜버린 탱자나무 가시울타리에 머무는 바람
비난에 시달리며 잠들지 못하는 고통
칼바람에 시린 눈물 발등을 깨트린다

절벽으로 떨어지지 않으려 움켜쥔 손에 피멍 들고
눈물 보이지 않으려 두 눈 질끈 감아도
사시나무 떨듯 떨리는 몸

양보 없는 집착의 시간
나는 내가 되고 너도 내가 되기를 바라는 고집
서걱거리며 어울리지 않는 환절換節
질긴 밧줄에 조기 엮듯 엮어 깊은 항아리에 담아
발길 닿지 않는 무인도에 보내고 싶다

서풍아 불어라

작은 틈새를 넓혀라

문풍지의 아우성은 노래가 된 가락이 된다

우리 함께 휘모리장단에 몸을 맡기자

서풍을 기다리며

최고의 스매싱

파란 테이블 위에서
라켓과 작은 공

이쪽에서 저쪽으로
저쪽에서 이쪽으로
두 선수의 손끝에서 끝없이 이어지는 포물선

눈을 크게 뜨고 집중해야 볼 수 있는
탱자만 한 작은 공
일곱 겹의 나무판에 부딪쳐
겹겹이 포물선을 그린다

날카롭게 튀어 나가 꽂히는 2.7g
질주하는 덤프트럭처럼 강력한 힘

순간, 천둥소리 함성이 들린다
두 팔 들어 올려 정상에 선 자의 포효
땅 밑으로 내리꽂히는 무릎의 탄식

우아하고 강인함의 능소화꽃

담장을 타고 오른다

오롯이 나만의 길을 향해 환희의 기쁨을 만끽하기 위한

전진前進의 스매싱뿐이다

검붉은 깃발

대나무 장대에 매달린
선홍빛 선혈이 펄럭인다

끌어내려 벗기려는 사람
더 꽁꽁 싸매려는 사람

서슬 퍼런 날, 칼춤 추다 베인
아물지 않는 깊은 상처

서로의 살을 파먹고
용강로의 달궈진 쇠가 쇠를 먹는다

능소화나무처럼 위로 올라 올라
무리들 머리 위 검붉은 꽃잎 흩어진다

먼 산, 연둣빛 아지랑이
물결 울렁인다

어그러진 일상

하늘은 잿빛 구름 잔뜩 끌어안고 있다
누가 뭐라고 하지 않아도 거칠어지는 숨소리
누구의 눈치도 보지 않는 옹고집
우루르 쾅쾅 금방이라도 천둥 번개가 칠 것 같다

선인장의 날카로운 가시처럼 돋는 소름
파헤친 시간이 흐른다
바위보다 더 무거운 울화가 심장을 짓누른다
울컥울컥 거리는 고통에 시달리다 주저앉았다

입술의 경련을 잠재울 수가 없다
애써 외면해도 열려있는 귀로 듣게 되는 울분
달팽이관으로 가는 소리는 왜 그리 빠른지
의식의 느림보 걸음이 얼굴을 짓밟고 지나간다

유야무야有耶無耶 안갯속 흐리멍덩해진 일상

나는 누구
여긴 어디
탈출구가 없는 블랙홀

사내의 무게

어둠이 짙어져 깊은 밤
장맛비는 빗금을 그으며 쏟아진다
휘청거리며 4차선 도로를 가로지르는
몸도 가누지 못할 만큼 취한
사내의 발걸음이 위태위태하다

차들의 경적 소리 두꺼운 어둠을 휘젓는다
상향등을 켜고 브레이크를 밟는다
차량의 헤드라이트 빛에 놀란 남자
중앙 분리대를 붙잡고 쓰러지려는 몸을 가눈다
아슬아슬한 귀갓길

어깨에 묵직하게 내려앉은
등에 짊어진 무게가 보인다
언제쯤 무거운 짐 내려놓을 수 있을까
눈부신 일출, 붉은 태양 일렁댈 그날에
환호 소리, 다시 들을 수 있기를 두 손 모은다

연둣빛 세상

싸릿문을 헤집던 바람 버둥거리다

옹골진 봄바람에 밀려 멀리 떠날 채비를 한다

억눌림에서 해탈한 흙의 웃음소리가 들린다

연둣빛, 온 산은 연둣빛으로

소리 없이 빙긋이 웃는다

나뭇가지 끝마다 매달린 봄

차가운 꽃샘바람도 잠재우지 못한다

우리, 꽃 마중 가자

눈부신 하루를 산다

삶의 한 귀퉁이에서 이름 없이
뼈를 깎는 아픔을 견뎌낸 그대
흘린 눈물은 찬란한 은빛 진주 되었다
실낱같은 들숨과 날숨으로
견디며, 끌어안은 시간 입술에 머물러
대추 씨앗 입안에 굴리며 걷던 삭막한 길
나그네의 친구가 되었다

이제, 황금빛으로 우뚝 서서
그대와 함께 가는 길
프리지어 향기
고막이 흘러내리는 시간
주왕산 폭포수같이
쏟아져 내리는 선율
가슴속 박하사탕이 된다

봄날의 희열喜悅

숲속 한 켠
작은 씨앗 하나 어디서 날아왔을까
빈 틈새 자리 잡고 앉아
살포시 눈을 뜬 여린 잎
봄 햇살과 눈맞춤이 한창이다

추운 겨울바람 뚫고 내 곁으로 와
곁을 내어준 연둣빛 바람
작은 손 펴서 살랑거리는 바람을 잡는다
실낱같은 뿌리에 힘을 실어
점
점
아름드리나무가 되기를 기도한다

봄날 연둣빛의 희열
포근포근한 햇살 반짝인다

옹고집 장수하늘소

장수하늘소 가위처럼 위쪽으로 향한 큰 턱
그 강한 이빨의 힘으로 나무의 진액을 빨아먹는다

봄 햇살이 살갗에 스며들기도 전
생각할 사이도 없이 들이닥친 악마
되돌릴 수 없는 맥없이 뭉그러질 대로 뭉그러진
깨진 두부판 같은 육신
세찬 바람에 펄럭이는 깃발보다 더 빠르게
심장은 요동을 친다

체증이 가라앉지 않는 명치끝
먹구름 쏟아져 짙어진 어둠 심장을 할퀸다

하얀 건물 안으로 들어가야 할 시간
내 몸을 맡길 수 없다는 고집불통

자신의 좁은 생각이 전부라고 믿는 사람
낭떠러지인 줄 모르고 앞만 보고 달리는 사람
귓전에 확성기를 대고 소리쳐 보지만 들은 척도 않는다

귀를 막고 걷는다
눈을 감고 걷는다

가로막고 서서 두 발을 세차게 브레이크를 밟는다
하늘 한번 쳐다보고 깊은 호흡을 하고
가지런히 마음 밭에 흐트러진 것들 바로 세우며
잘 보이는 이정표를 세우고 잘 들리는 확성기를 준비한다

가을 꽃잎

한 모금 국화꽃 향기
입 안 가득 머금으면
가슴은 살그래
두근-
두근-

외딴 아늑한 산기슭
꽃잎에 내려앉은 아픔의 흔적
영롱한 이슬조차 어찌할 수 없는데
국화꽃 향기
가만히 손에 담는다

노란 국화꽃
흐드러지게 피던
그때, 그 자리
그립다

또다시

가슴은 살그래

두근두근-

사랑의 절대 감성인 기다림과 영원함의 가치를
폭넓은 시각으로 조명하고 있다.

-「작품해설」중에서

작품해설

달 파도
눈 시간을
조각하다

지연희

| 작 품 해 설 |

달 파도 눈 시간을 조각하다

지연희 (시인, 前한국여성문학인회 이사장)

 시인의 사고思考는 끊임없는 생각의 깊이로부터 시작된다. 어떤 상황이든 한 방울의 빗물이 가느다란 빨랫줄에 매달리다가 견디지 못하고 지면에 떨어져 흔적 없이 사라져 버리는 존재의 소멸을 바라보게 된다. 최선의 노력을 향한 꿈의 세계를 구현하기 위하여 밤을 새우기도 한다. '시는 어떤 기록 서사물로도 표현할 수 없는 방법으로 인간의 삶의 세계와 체험의 세계를 그려내고 그 축척에 공헌하는 문학 장르라고 한다. 시인이며 평론가인 아놀드Matthew Arnold는 시는 인생 비평이라고 말했다.' 김옥남 시인의 제2 시집을 감상하다보면 삶의 세계와 체험의 세계를 진솔하게 그려내고 있다는 사실을 조명하게 된다. 계간 『문파』 2010년에 신인상을 받고 다듬어온 시인의 시력은 15년에 이르는 중견 시인이다.

빈 거죽만 남아 서걱서걱
바람에 스치는 갈대 소리
귓가에 머무는 날이면

노란 은행나무 잎이 반짝이며 가로등이 되는 시간
애끓는 소리 무쇠솥에 콩죽 끓듯 하는데

하늘에 이른 별 하나 은밀하게 빛을 내고
허공에서 헤매던 愛

눈길 멈춘 그 자리
별똥별 사선을 긋는다

그대가 유난히 보고 싶은
아스라한 밤이 깊어간다
               – 시 「어둠이 내리면」 전문

발등을 간질이는 파도
몽돌들의 달그락거리는 속삭임
돌과 바람의 이야기에 더 간절해지는 그리움

시간의 조각 속에서
또다시 살아나는 형상形像

대문을 열고 들어서면
"니 오나" 하던 반가운 목소리 간데없고

| 작 품 해 설 |

      묵묵히 집을 지키고 서 있는 것은 녹슨 대문뿐

      몽돌처럼 닳고 닳아
      지문 없는 손끝이 자꾸 눈에 밟히는 건
      당신과 가까워지고 있는 날들이
      그리 멀리 있지 않기 때문이다

      파도 소리 들으며 함께 거닐던 몽돌 해변
      당신을 떠 올린다
           – 시 「시간의 조각을 줍다」 전문

  시 「어둠이 내리면」은 노란 은행나무잎이 가로등이 되는 시간으로부터 밤이 내리는 시간으로 접어들게 된다. '노란 은행나무잎이 반짝이며 가로등이 되는 시간/ 애끓는 소리 무쇠솥에 콩죽 끓듯 하는데// 하늘에 이른 별 하나 은밀하게 빛을 내고/ 허공에서 헤매던 愛// 눈길 멈춘 그 자리/ 별똥별 사선을 긋는다// 그대가 유난히 보고 싶은/ 아스라한 밤이 깊어간'다는 것이다. 어둠이 내리는 공간은 절멸의 시간과 빛의 소멸이 공존하고 있다. 부서진 빛의 기력이 사라지는 곳이다. 그러나 시 「어둠이 내리면」의 어둠의 공간은 반짝이는 밤의 깊이로 대치되어지고 그 은밀한 빛으로 하여 그대가 유난히 보고 싶다는 그리움으로 시선을 머물게 한다. '아스라한 밤이 깊어간다'는.

'발등을 간질이는 파도/ 몽돌들의 달그락거리는 속삭임/ 돌과 바람의 이야기에 더 간절해지는 그리움// 시간의 조각 속에서/ 또다시 살아나는 형상'은 지난 기억의 시간 속에 남아있는 어머니와 함께 거닐던 파도의 숨소리이며 시간의 조각에 담긴 이야기이다. '대문을 열고 들어서면/ "니 오나" 하던 반가운 목소리 간데없고/ 묵묵히 집을 지키고 서 있는 것은 녹슨 대문뿐' 어머니는 조각난 시간 속에 숨죽이며 갇혀있다. 바람의 이야기는 시간의 조각 속에서 살아나는 형상을 배경으로 시작된다. 그와 같은 모티브는 시 3연에서 대문을 열면 들리는 "니 오나"하는 어머니의 목소리이다. '몽돌처럼 닳고 닳아/ 지문 없는 손끝이 자꾸 눈에 밟히는 건/ 당신과 가까워지고 있는 날들이/ 그리 멀리 있지 않기 때문이다'라고 한다. 그러나 수없이 많은 조각으로 펼쳐진 시간 속의 조각보는 어떤 그림으로 남아 생의 날들을 접게 될지는 알 수 없는 일이다.

    하얀 사과꽃 피는 계절
    싸늘한 바람에 꽃비 내린다

    아물지 않는 상처 용광로 불처럼
    벌겋게 달아올라 생살을 파고들 때

    아무도 모르게

| 작 품 해 설 |

되살아나는 통증

하늘과 맞닿은 우물 안과 밖
살며시 하얀 꽃비 쌓이고 있다

까마득히 머-언 하늘에 걸터앉은 낮달
마음 내려놓아라 피그시 웃는다
                        - 시 「눈물 꽃」 전문

마알간 연둣빛
그림자 하나 그네를 탄다

먼발치에 서 있는 그대의 허상
요동치는 동공은 갈 길을 잃고 있다

아지랑이가 된 그리움
흐느적흐느적 거린다

그대, 우연히 마주치는 날
다시 가슴 뜨거워질까

허무한 바램은
술렁술렁 그네를 탄다

놀이터에서 놀고 있는 아이들 그네를 신나게 탄다
나는 마음속 나만의 외로운 그네를 탄다
                        - 시 「그네」 전문

불꽃으로 달아올라 생살을 파고드는 통증의 사랑이다. 좀처럼 아물지 못하는 상처를 가슴에 안고 아무도 모르게 되살아나는 아픔을 시「눈물 꽃」은 추억의 그늘에서 소환하는 기억의 그림자이다. 지난 시간의 노래는 거룩한 생명의 시간을 몰고 와 꽃을 피워 향기를 머금게 한다. 그러므로 아물지 못하는 지우지 못하는 통증으로 눈물 꽃을 피우는 것이다. '하얀 사과꽃 피는 계절/ 싸늘한 바람에 꽃비 내린다// 하늘과 맞닿은 우물 안과 밖/ 살며시 하얀 꽃비 쌓이고 있다// 까마득히 머-언 하늘에 걸터앉은 낮달/ 마음 내려놓아라 피그시 웃고 있'다고 한다. 흘러가 버린 사랑은 멜로 영화 속의 아름다운 주인공 같아서 언제나 가슴을 저리게 한다.

　시「그네」의 소회는 흘러간 시간의 낭만이 살아난다. 말간 젊음의 시절이 그네를 타고 있다. '먼발치에 서 있는 그대의 허상/ 요동치는 동공은 갈 길을 잃고 있다' 허상은 실제 없는 것이 있는 것처럼 보이는 현상을 말하고 있다. 헛된 생각이 마음의 중심을 잃는 순간의 혼미한 착각으로부터 환영幻影 되는 일이다. '그대, 우연히 마주치는 날/ 다시 가슴 뜨거워질까// 허무한 바램은/ 술렁술렁 그네를 타고 있'다는 것이다. 사랑의 색감은 애틋하게 그리워하고 열렬하게 좋아하는 관계의 대상도 존재하고 있다. 부모님에 대한

| 작 품 해 설 |

사랑이며 순수한 마음을 내어주는 애정의 대상도 성립된다. 하지만 이루지 못한 옛사람에 대한 연민의 아픔도 함께한다.

> 호수 위에 상현달이 떴다
>
> 아득한 곳에 숨겨둔 연서
>
> 일렁인다
>
> 잔잔한 수면을 뚫고 튀어 오르는 환영幻影
>
> 머리에서 발끝까지 흐르는 전율
>
> 헛헛한 그리움
>
> 출렁인다
>
> 차마, 눈을 감는다
>   - 시「물위에 내려앉은 그림자」전문

바람이 분다
아카시 나뭇가지를 흔들며
꽃잎을 떨어뜨리고 있다

아래로
　　아래로

거칠게 창문을 흔들며 부는 바람
덜컹, 흔들리는 눈동자
꽃잎을 감싸안는다

거스를 수 없는
지난 흔적 떨림 되어
심장에 꽂힌다
　　　　　　　－시「흔들리는 시간」전문

'호수 위에 상현달이 떴다// 아득한 곳에 숨겨둔 연서// 일렁인다// 잔잔한 수면을 뚫고 튀어 오르는 환영' 상현달이 하현으로 이을 때까지 하늘에 달이 걸린 밤이면 활처럼 휘어져서 서쪽으로 기울어진다고 한다. 이런 날이면 그리운 사람이 그리워지지 않을 수 없을 것이다. 그러나 환영으로 다가오는 그림자를 앞에 두고 시인은 차마 눈을 감는다. '머리에서 발끝까지 흐르는 전율// 헛헛한 그리움// 출렁인다// 차마, 눈을 감는'다는 것이다. 시「물위에 내려앉은 그림자」를 비롯하여 김옥남 시인의 감미로운 언어로 제시한 연시들을 감상할 수 있었다. 가슴 절절한 그리움으로 연연하던 시절의 아름다운 감성을 절묘하게 그려내 주었다.

시「흔들리는 시간」속에 은유되어있는 의미들도 앞선 연

| 작 품 해 설 |

시에서 벗어나지 않는 주제 의식을 지니고 있다. '바람이 분다/ 아카시 나뭇가지를 흔들며/ 꽃잎을 떨어뜨리고 있'다는 흔들림의 질감은 어떤 유혹에서 벗어나지 못하는 마음의 갈등이다. '거칠게 창문을 흔들며 부는 바람/ 덜컹, 흔들리는 눈동자/ 꽃잎을 감싸안는다// 거스를 수 없는/지난 흔적의 떨림'이다. 사랑은 김옥남 시인의 갈등에서 흔들림의 시작이며 흔들리는 눈동자의 거스를 수 없는 꽃잎으로 피어나는 일이다.

    함박눈 빗금 그으며 내리다
    봄날 꽃비처럼 제멋대로 흩날린다

    펼쳐진 하얀 도화지
    발자국으로 그림을 그린다

    귀에 들리는 오도독오도독
    생밤 씹는 발자국 소리

    레몬처럼 상큼한 차가움
    생글거리는 시간이다

    살근살근 내리는 하얀 눈
    자연 치유되는 백신이라면

삶의 소소함
맘껏 누릴 수 있을 텐데
　　　　　　　－시「바램1」전문

불쏘시개도 될 수 없는 푸석한 몸
누구에게도 짐이 되지 않으려 하면 할수록
힘없는 몸뚱이는 더 갈기갈기 찢기고
마지막 남아있는 힘을 짜내어
시린 가슴으로 비바람 견디고 있다

햇살에 검게 타버린
핏기 없는 노숙자
누더기처럼 남루한 몸 마지막 피난처
산기슭 작은 밭 울타리

손가락질하는 이 없고
왜 왔냐고 나무라는 사람도 없다
봄날 땅을 뚫고 나오는 새싹이 되어
어울렁더울렁 실고 싶다는 꿈을 꾼다
　　　　　　　－시「버림받은 현수막」전문

　시「바램 1」은 하얗게 빗금 그리며 내리는 봄날의 꽃비처럼 제멋대로 흩날리는 눈 내리는 전경을 묘사하고 있다. '펼쳐진 하얀 도화지 위에/ 발자국으로 그림을 그린다// 귀에 들리는 오도독오도독/ 생밤 씹는 발자국 소리// 레몬

| 작 품 해 설 |

처럼 상큼한 차가움/ 생글거리는 시간이'라고 아름다운 설경을 그려내고 있다. 더하여 시각에서 청각과 미각에 이르기까지 이어지는 다양한 언술의 묘미는 특별한 재미로 감상하게 된다. 〈오도독오도독 생밤 씹는 발자국 소리 레몬처럼 상큼한 차가움 생글거리는 시간 살근살근 내리는 하얀 눈〉 김옥남 시인의 시 「바램 1」은 눈 내리는 풍경들이 살아 움직이는 사물들로 교집합 되고 있다. '살근살근 내리는 하얀 눈/ 자연 치유되는 백신이라면// 삶의 소소함/ 맘껏 누릴 수 있을 텐'데 소소한 일상의 우여곡절 다 치유되겠다는 바램이다.

시 「버림받은 현수막」은 노숙자의 일상과 버려진 현수막으로 사물화하여 노숙의 고단한 삶의 고행을 짚어내고 있다. 거리엔 '불쏘시개도 될 수 없는 푸석한 몸/ 누구에게도 짐이 되지 않으려 하면 할수록/ 힘없는 몸뚱이는 더 갈기갈기 찢기고/ 마지막 남아있는 힘을 짜내어/ 시린 가슴으로 비바람 견디고 있'다 불쏘시개도 될 수 없는 푸석한 몸의 현수막이 갈기갈기 찢기며 시린 가슴으로 비바람을 견디고 있는 것이다. 거리의 노숙자와 현수막이 크로스오버 CROSSOVER되어 누더기처럼 남루한 두 몸은 마지막 피난처 산기슭 작은 밭 울타리가 되어 봄날 땅을 뚫고 나오는 새싹이 되려 한다.

가슴이 시리다

그 뜨거웠던 태양도 사그라들고
둘만의 오두막엔 암전이 된 지 오래
그리움, 다시 꺼내 심폐소생술을 시켜본다

우주 끝까지 같이 가자던 약속 희미해져
입술에 그림자조차 보이지 않는다

간간이
문득
어쩌다가
그대 온기 그리워 몸살을 앓는다

잊힌다는 건
아리디아린 가슴 시린 일
생인손을 잘라내는 것보다
더 몸서리치게 아프다
　　　　　　　　-시 「잊혀진다는 것」 전문

 '가슴이 시리다'의 메시지는 매우 슬프거나 안타까움을 상징하는 언어이다. 굳건한 약속으로 함께한 시간은 강물처럼 흐르고 시린 가슴/ 입술에 그림자조차 보이지 않는다' 다소곳한 기억으로 아름답던 너와 나의 시절을 유추하

| 작 품 해 설 |

는 날이다. 뜨거운 사랑으로 하나가 되어 아이를 낳고 기르는 사이, 부부는 초라한 추억만 잡고 있게 된다. '그 뜨거웠던 태양도 사그라 들고/ 둘만의 오두막엔 암전이 된 지 오래/ 그리움, 다시 꺼내 심폐소생술을 시켜본다// 우주 끝까지 같이 가자던 약속 희미해 떨어진 꽃잎처럼 서로를 내려놓고 만다. '간간이/ 문득/ 어쩌다가/ 그대 온기 그리워 몸살을 앓는'일이지만. 무심으로 소외되는 잊힌다는 슬픔은 지우지 못하는 것이다.

　김옥남 시인의 시는 솔직하고 담백하다. 성정이 밝고 유쾌한 사람으로 매사에 솔선수범하는 시인이다. 제2 시집을 감상하며 주목하게 되는 부분은 1집에서 만나지 못했던 연시를 적나라하게 수용했다는 점이다. 시「잊혀진다는 것」「흔들리는 시간」「물위에 내려앉은 그림자」등 사랑의 절대 감성인 기다림과 영원함의 가치를 폭넓은 시각으로 조명하고 있다.

시간의 조각을 줍다